AF509792

L'INSTITUTION RÉGIONALE

des Sourds-Muets et des Jeunes Aveugles

DE

POITIERS

pendant la Guerre 1914-1919

RAPPORT de M. Louis ARNOULD

CORRESPONDANT DE L'INSTITUT

PROFESSEUR DE L'UNIVERSITÉ

SECRÉTAIRE DU COMITÉ DE PATRONAGE DE L'INSTITUTION

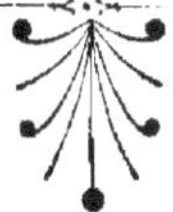

J. SIRAUDEAU

ÉDITEUR

ANGERS

—

1920

NOTICE

Installée dans un des quartiers les plus salubres de la Ville de Poitiers, l'Institution des Sourds-Muets et des Jeunes Aveugles est ouverte aux enfants atteints de surdité ou de cécité plus ou moins complètes, spécialement de la Vienne, des Deux-Sèvres, de l'Indre-et-Loire, de l'Indre, de la Charente, de la Haute-Vienne et de la Corrèze.

Elle reçoit des *Pensionnaires* placés directement par leurs familles et des *Boursiers* envoyés par les Administrations départementales ou communales et par des Bienfaiteurs.

Grâce à l'éducation morale, intellectuelle et professionnelle donnée à l'Institution, les résultats obtenus jusqu'à ce jour sont encourageants : tous nos élèves, sauf de très rares exceptions trouvent, au sortir de l'école, le moyen de se créer une situation et de gagner très honorablement leur vie.

Un Comité de Patronage s'est formé à Poitiers dans le but de seconder les efforts du Directeur, en lui donnant son concours dans la conduite de l'œuvre et en recueillant les dons que des Bienfaiteurs veulent bien lui adresser.

Vous que le malheur n'a pas frappé dans vos chers enfants, pensez aux Sourds-Muets et aux Aveugles. Vos offrandes seront toujours reçues avec grande reconnaissance.

Pour tous renseignements, s'adresser soit à M. Léon Bodin, président du Comité de Patronage, 50, rue de Blossac à Poitiers, soit à M. le Directeur de l'Institution.

L'INSTITUTION

des

Sourds-Muets et Jeunes Aveugles de Poitiers

pendant la Guerre

———

u milieu de l'océan d'épouvantables maux, physiques et moraux, qu'a déchaînés la Guerre, le regard aime à se reposer sur les îlots de bien, de dévouement organisé, de générosité, de charité persévérante et souriante qui ont émergé en bien des lieux, luttant contre le débordement des affreuses misères du corps et de l'âme et s'appliquant sans trêve à les arrêter et à les abolir. Il n'en est pas de plus consolant à regarder que celui du n° 116 de l'avenue de Bordeaux, à Poitiers. Pour donner une idée de notre Institution poitevine des Sourds-Muets et jeunes Aveugles pendant la Guerre, de 1914 à 1919, rien ne vaut, à notre avis, la simple et sèche énumération des faits.

I

Et d'abord la période terrible et héroïque, 1914 et 1915.

Dans l'été de 1914, tous les passants admiraient la montée du nouveau bâtiment qui doublait l'ancien, grâce surtout à la générosité de la famille Lecointre qui s'est faite héréditairement depuis trois générations, comme on l'a dit, « la Providence de la maison ». Le troisième étage se terminait, il ne restait plus à effectuer que la couverture : ce serait l'affaire des vacances lorsque les 110 pensionnaires, les 80 Sourds-Muets et les 30 Aveugles seraient partis. L'année scolaire finissait brillante : le dimanche 19 juillet les jeunes sourds-muets remportaient une palme de vermeil dans un concours de 800 gymnastes tenu à Ruffec. Le surlendemain, les élèves s'envolaient joyeusement et les maîtres touchaient, enfin, au repos bien gagné par leurs dix mois de labeur particulièrement épuisant.

Alors viennent ces derniers jours de juillet, dont chacun de nous gardera l'inoubliable souvenir, avec leur atmosphère de plomb et les mortelles angoisses patriotiques, l'ordre de mobilisation générale le 1er août et, dès le 3 août, toute l'armée allemande se ruant sur la Belgique neutre.

Tous les maîtres de l'Institution sont mobilisés, à l'exception du directeur, M. Lemesle, d'un professeur qui a également dépassé la cinquantaine et d'un jeune, exempté pour faiblesse de la vue.

Le deuxième jour de la mobilisation, part cet excellent professeur de démutisation, d'un dévouement à toute épreuve, qu'est M. Eugène Leau : affecté à une compagnie de mitrailleurs du 323e d'infanterie de réserve, il tombe au bout d'un mois, grièvement blessé, dans la forêt de Champenoux et s'en va mourir à l'hôpital Sédillot, à Nancy.

Le sixième jour, c'est M. Douillard qui part à son tour comme caporal-infirmier au 68e territorial d'infanterie. Homme d'initiative, de sacrifice et d'entrain, le dévoué professeur des aveugles est vite apprécié de ses camarades et de ses chefs, surtout sous les bombardements qui ne lui manquent pas : un jour, par une véritable inspiration, il quitte le grenier qui lui sert de logement. et un obus vient s'abattre sur son gîte, criblant son matériel et son paquetage.

Tels maîtres, tel élèves. Dans le dévouement universel de la France les sourds-muets s'indignent d'être laissés de côté, et leur malheureuse infirmité leur pèse plus que jamais : ils se plaignent à leurs maîtres, les uns vont se présenter à la gendarmerie pour réclamer leur enrôlement et leur envoi au feu, les autres s'ins-

M . E . LEAU , *professeur*
Mort pour la France

crivent à la préparation militaire, font des exercices de marche et apprennent toujours le maniement du Lebel.

Rongeant aussi leur frein, les anciens élèves se sont tous acquittés de leur devoir dans la mesure de leurs moyens : plusieurs ont travaillé dans les usines de guerre de Tulle et de Châtellerault, d'autres comme MM. Michaud et Luc Martin se sont faits infirmiers volontaires dans les hôpitaux.

L'Association des Anciens Élèves a organisé deux souscriptions en faveur de la Croix-Rouge et des Prisonniers de Guerre, et le trésorier, M. Bertin, a pris l'initiative de faire la collecte de l'or parmi les Sourds-Muets de la ville et de la campagne et leurs amis, et, chacun ayant consenti à garder l'anonymat. il a pu porter à la Banque de France la somme globale de 1.250 francs au nom de l'Association.

Dès le premier jour, 300 artilleurs du 49ᵉ étaient venus cantonner à l'Institution et dans sa maison de campagne de la Varenne : les hommes à Poitiers logés dans la grande salle neuve où venait d'avoir lieu la distribution des prix, les chevaux

M. R. MICHAUD, *ancien élève*
Infirmier volontaire

parqués dans les cours. Au bout d'une semaine, la batterie quitta Poitiers après une messe matinale dite à la Varenne par le dévoué aumônier, M. l'abbé Blain, et où le capitaine avec un bon nombre d'hommes se munit du grand viatique qui donne la force suprême, et les canons s'ébranlèrent, bénits et décorés des fleurs de jardin, — ces 75 qui allaient nous sauver.

La grande maison restée vide de soldats et d'élèves, l'on attendit, l'œil et l'oreille fébrilement tendus à la frontière où se précipitaient les événements. Après l'offensive d'Alsace, c'est la formidable poussée de Charleroi, la retraite. La nuit du 2 au 3 septembre, tout le personnel est réveillé en sursaut : des milliers de blessés refluent sur Poitiers, on en remplit tous les immeubles vides... De minuit à deux heures du matin, au milieu de l'ardente bonne volonté générale qui n'a d'égale, naturellement, que l'inexpérience parfaite, autos, tapissières, tramways déversent 142 malheureux êtres, déprimés par la défaite, exténués par quatre jours de chemin de fer, les uniformes déchirés, couverts de poussière et de sang... On en transporte cent, chacun dans un bon lit, où ils sourient d'aise après tant de nuits sur la dure, et les autres sont installés au rez-de-chaussée sur la paille.

Dès le matin, tous les habitants du faubourg accourent spontanément pour leur distribuer café, lait, tisane, sirop, en attendant l'organisation officielle qui se fait à la première heure.

Peu à peu, ces hommes sont répartis entre les différents hôpitaux de la cité, l'Institution est de nouveau vide et l'on songe à la rentrée des élèves.

Mais des commissions civiles et militaires, des délégués du Ministre de la Guerre viennent inspecter l'établissement que tous convoitent en raison de sa situation et de son installation idéales. Il est décidé qu'un hôpital de la Croix-Rouge sera créé, qui sera l'annexe de l'hôpital n° 4 (celui de Saint-Stanislas).

Comment un établissement d'instruction aussi spéciale put-il, du jour au lendemain, se muer en un grand hôpital ? Comment cet hôpital réussit-il à partir, si je puis dire, instantanément et à durer, à la pleine satisfaction générale, plus de quatre ans, jusqu'après la fin de la guerre ? C'est que la Providence fit rencontrer là deux personnes qui unissaient remarquablement toute l'habileté hardie des « enfants du siècle » aux vertus des « enfants de la lumière ». La Croix-Rouge délégua M. Lemesle, directeur de l'Institution, comme administrateur, et Mme Louis Ginot, comme surveillante générale.

Tout était prêt, lorsque, le 5 octobre, jour où l'on avait pensé naguère pouvoir rappeler les élèves, eut lieu une nouvelle invasion de blessés. Depuis, ils se succédèrent sans interruption, venant de partout, de Vailly, de la Somme, de Dixmude et d'Ypres, de l'Argonne, de Verdun, de la Champagne. Ils furent, pendant ces quatre années 2.416, sur lesquels on perdit en tout six hommes. Ils se rendirent vite compte qu'ils étaient les enfants gâtés du monde des blessés, dans cet hôpital de la

Tranchée, et jouant sur les mots à la française, ils affirmaient
gaiement que cette tranchée-ci était infiniment préférable à
l'autre. Plus d'un en est parti, des larmes dans les yeux. C'est
qu'ils étaient bien dans ces hautes et vastes salles. si largement
éclairées des 2ᵉ et 3ᵉ étages. d'où l'on découvre, de chaque

Mᵐᵉ L. GINOT   (Cliché Raymond)
Surveillante générale

côté, de ce point le plus élevé de la ville, la campagne à perte
de vue. Sous la direction des dévoués chirurgiens et médecins,
les docteurs Perdoux, Gallet, Comte, les Sœurs de la Miséricorde soignent tous ces grands enfants comme des mamans à
la fois dignes et indulgentes ; une part de l'élite de la Société
poitevine compose, pour les dames, le service des infirmières,
ceux de l'alimentation et de la lingerie, — pour les hommes, ce
bureau des entrées, où l'on travaille si bien le jour, où l'on cause
si bien le soir, où l'on dort si bien la nuit sur un fauteuil entre
deux rondes nocturnes : l'un de ses membres, porteur d'un des

noms les plus estimés à Poitiers, s'acquitte invariablement, la sacoche au côté, de ses tournées de vaguemestre, il ne s'en dispensera même pas le jour accablant pour tout autre, où il apprendra la mort glorieuse de son second fils tombé, lui encore, pour la France. Le vénéré aumônier de l'Institution, M. l'abbé Blain, devenu l'aumônier de l'hôpital, ne se contente pas de consoler ceux qui s'adressent à lui, il va donner dans les salles des séances attrayantes de projections et de microscope, et le père Viollet, qui s'astreint à coucher avec les blessés, les déride de sa verve primesautière et de certaines fameuses inventions de haute liesse dont les témoins reparleront longtemps en riant dans les veillées paysannes.

La bonne marche de ce grand organisme complexe qu'est un hôpital, est assurée par l'union étroite de tous les services, sous la vigoureuse et calme autorité des organisateurs, de l'Administrateur et de Mme la Surveillante générale. Ils font tout pour garder à cette formation modèle le caractère familial, qui est si fort apprécié par chaque blessé et par les siens, et comme ils savent qu'une famille a toujours, et surtout quand elle souffre, besoin de distractions, ils trouvent encore le moyen, malgré la charge écrasante des affaires et des responsabilités, de combiner des fêtes, concerts, arbres de Noël, tirages de tombolas, séances récréatives et théâtrales, où toute la ville accourt confondant dans sa chaude sympathie et l'Institution et l'hôpital des Sourds-Muets.

Le beau talent musical de M. A. Gouin est mis en toute circonstance à contribution, et les blessés recherchent sa compagnie sympathique. Chaque jour, il en réunit un petit groupe pour préparer les chants qui seront exécutés à la chapelle, et après chaque séance il donne une audition de musique, il accompagne les chants patriotiques et autres, en un mot il contribue, très efficacement, à recréer les chers pensionnaires.

M. Lemesle veille à tout, le premier levé et le dernier couché dans la maison ; dans toutes les parties du vaste hôpital on rencontre à chaque instant sa physionomie grave qui s'éclaire vite d'un doux sourire, encadré d'une barbe grise qui devient blanche ; chaque jour, il fait en ville avec sa hâte sereine plusieurs courses nécessaires ou démarches utiles, et lorsqu'il vient causer aimablement le soir avec les veilleurs de la nuit, ses paupières se ferment de sommeil, mais son intelligence et son cœur veillent bien, justement préoccupés, on le sent, de ne point gâter trop ses blessés qu'il aime si fort et, malgré tant de douceurs, de ne pas les renvoyer au front diminués d'énergie ; et puis, dans certaines nuits, il se laisse aller à confier ses angoisses patriotiques, toujours relevées d'une invincible espérance dans les destinées de la France et de la France chrétienne. ·

Le dévoué sous-directeur, M. Vandenbussche, classé dans les services auxiliaires, était affecté, en novembre 1914, au Service de Santé et placé à l'hôpital comme secrétaire-chef du Bureau des Entrées.

Cependant, le nouveau bâtiment inachevé, que l'on était si heureux, à tous les points de vue, d'avoir construit avant la guerre, recevait, non son achèvement définitif, mais sa couverture en octobre 1914, grâce à la persévérante générosité de la famille qui avait permis de l'entreprendre, sans se douter qu'il abriterait non seulement les infirmes aimés, mais un tel nombre de nos blessés.

Les visites amicales ou officielles se succédaient dans le bel hôpital nouveau, toutes encourageantes et suivies de larges offrandes qui permettaient d'améliorer l'ordinaire : Mgr Humbrecht, évêque de Poitiers ; Mme Marty, femme du préfet de la Vienne ; M. Marc Niveaux, faisant fonction du maire de la ville ; M. Ferrand, le voisin de l'hôpital, adjoint au maire ; les comtes Arsène et Louis Lecointre qui pouvaient, en toute réalité, se sentir là chez eux ; M. E. de Montjou, député de la Vienne ; Mgr Perros, évêque de Bangkok, accouru du Siam en France et affecté à la place de Belfort, qui était venu voir ici l'un des infirmiers de l'hôpital, un missionnaire, M. François Thouvenet, tombé malade lui-même, donnant à tous ses compagnons de salle de vaillants exemples du support des souffrances, — etc., etc.

Le long des mois, les fêtes religieuses se succédaient avec leurs divers cortèges de joies fortes, qui, pour bien des blessés, loin des principales causes de respect humain, ne furent pas moins que le bonheur de la résurrection morale : la Toussaint et le 2 novembre, où les pensionnaires valides de l'hôpital allèrent couvrir de gerbes fleuries les tombes de leurs camarades au cimetière voisin de Chilvert, puis à celui de la Pierre Levée, sans négliger de prier à haute voix, par une loyauté qui les honore, sur la tombe des 17 Allemands ; — la fête de Pâques, laborieusement préparée par le cher abbé Blain et par un jeune religieux blessé, — la Fête-Dieu avec une magnifique procession solennelle, suivie par la foule des Poitevins dans les jardins de l'établissement pour aboutir au principal reposoir élevé dans la cour d'honneur jusqu'à la hauteur du 2ᵉ étage, sous la maîtresse direction du Père Viollet : là, eut lieu la bénédiction durant que le tonnerre grondant au ciel rappelait aux blessés le canon coutumier et que clairons et tambours sonnaient au champ ; — enfin, la fête du 8 septembre 1915 où une cérémonie toute intime érigeait, au faîte de l'imposant bâtiment, sous la direction de l'architecte M. Boutaud, une statue de N.-D. de la Salette à qui l'œuvre reconnaissante est depuis 60 ans constamment restée fidèle.

Un vaste escalier en ciment armé venait d'être terminé pour la plus grande utilité des blessés du 2ᵉ étage et des futurs élèves. Reste donc aujourd'hui la tâche, suffisamment lourde, d'aménager le 1ᵉʳ étage de l'ancien bâtiment, le 3ᵉ du nouveau et de meubler l'Institution.

II

Le 21 février 1916, se déclanchait, on s'en souvient la bataille de Verdun, la plus gigantesque probablement que l'univers eût jamais vue et qui devait au compte récent du Maréchal Pétain durer 8 mois. L'un des plus jeunes professeurs de l'Institution, M. J.-M. le Duc, y est grièvement blessé dans une attaque, le 16 avril ; il est fait prisonnier et emmené en Bavière, d'où il ne reviendra qu'en janvier 1919, pour retrouver en Bretagne sa mère pleurant la mort de ses deux autres fils.

M. Douillard, au cours d'une permission, recevait, lors d'une prise d'armes à Poitiers, la croix de guerre avec cette belle citation : « Sergent infirmier, très dévoué. S'est signalé à maintes reprises depuis le début de la campagne, notamment dans la nuit du 28 au 29 août 1916, en coopérant, sous un violent bombardement ennemi, au transport des blessés. »

Quelque temps après, renvoyé à l'intérieur par ordre du G. Q. G., au bout de trente mois de front, il est chargé de la direction du centre de rééducation pour les sourds de guerre de la IXᵉ région, organisé à l'Institution : il obtint là de réels succès de lecture sur les lèvres, constatés successivement par le médecin-major de la place, par M. Louis Ginot, président de la Société de Secours aux Blessés militaires à Poitiers, le colonel sous-directeur du Service de Santé de la IXᵉ région, le commandant d'armes, qui purent s'entretenir sans peine avec les sourds éduqués, mais cette belle œuvre si bien commencée se vit malheureusement entravée par les préjugés du médecin-chef d'otorhino-laryngologie de Tours et sa phobie des soldats simulateurs.

Un autre professeur, M. Louis Tougeron, de la IXe Section d'infirmiers, fut successivement affecté à l'hôpital des Sourds-

+
APRÈS LE BOMBARDEMENT
(La petite croix indique M. Douillard)

Muets, puis à des formations sanitaires de Châteauroux et de Thouars.

M. Pierre Louche, réformé avant la guerre, pris pour le service armé en 1915 et placé au 56° colonial où il était caporal-fourrier, fut blessé, à la Main de Massiges : à peine rétabli ; il fut envoyé au front, cette fois en Orient, sans même obtenir une permission de convalescence, sur laquelle il comptait. Avec sa nature énergique et chrétienne il écrivait à ses collègues : « Malgré tout, on ne s'en fait pas, et plus que jamais je m'abandonne aux desseins de la Providence. » Il la tenta même, s'offrant comme volontaire au mois de mai 1917 dans un assaut contre

les Bulgares. De nouveau blessé il est cité à l'ordre de la Division
en ces termes : « Volontaire pour prendre part à l'attaque du
9 mai, y a fait l'admiration de tous par son esprit de dévouement
et de sacrifice. A été blessé au cours de l'action. »

Quant à M. Lemesle, tout en se donnant tout entier à sa
lourde tâche hospitalière, il ne cessait de penser à ses chers
sourds-muets, à ses chers aveugles, et il nous disait souvent aux
uns et aux autres son regret profond de les laisser depuis si

M. DOUILLARD ET LES SOURDS DE GUERRE

longtemps chez eux perdre les fruits de leur instruction. Enfin
à la rentrée d'octobre 1915, il se décida à rappeler un tout petit
nombre d'élèves, qui alla en augmentant, les années suivantes,
jusqu'à atteindre, en 1918, l'effectif complet. Mais les conditions
étaient précaires, les meilleures salles occupées par les blessés
et surtout presque tous les maîtres mobilisés, ce qui fait, que,
même en l'absence de toute réquisition de l'établissement par le
service de santé, il n'aurait pu remplir sa mission charitable,
et c'est la réponse qu'il fallait faire aux nombreuses plaintes
des parents. Nous avons assez vu dans l'enseignement secon-
daire, universitaire ou libre, le dommage apporté par la guerre
aux études des enfants normaux. Que dira-t-on donc des sourds-
muets ? L'avis des spécialistes est que, pour certains enfants,
parmi les plus grands, ce tort est irréparable : l'éducation de
plusieurs est à tout jamais manquée.

Et c'est pour pallier, au moins, dans une certaine mesure
de tels maux que l'institution des Sourds-Muets entr'ouvrait ses
portes. Les élèves se montrèrent dignes d'ailleurs du courage
et du dévouement de leurs maîtres. Voici la lettre qui fut remise
à M. Lemesle au début de juillet 1916.

QUELQUES MEMBRES DU PERSONNEL AU COURS D'UNE PERMISSION
Assis : MM. Vandenbussche, Lemesle, Douillard
Debout : MM. Morio, Tougeron, Louche, Julien

    « Monsieur le Directeur,

  « D'accord avec mes camarades de la première et de la seconde
« classe, je désire vous communiquer le souhait que nous avons
« formé, hier, en vue d'une action qui, nous n'en doutons pas,
« vous touchera, et à laquelle nous espérons que vous donnerez
« votre consentement.

« Supposant que vous aviez l'intention, comme les années
« précédentes, de nous distribuer les prix, nous nous sommes
« entendus pour vous demander respectueusement de ne pas
« faire l'acquisition de prix cette année, mais de réserver l'argent
« que vous pensiez affecter à cet achat, aux victimes de la grande
« guerre, et tout particulièrement aux blessés de l'hôpital.

« Ne pouvant prendre part à la défense de notre chère
« France, ce sacrifice nous consolera un peu, et nous espérons
« que vous ne rejetterez pas la demande que nous vous faisons
« dans un sentiment de patriotisme.

« Veuillez...

« Pour les élèves des deux premières classes.

« Paul LEFEBVRE. »

Au mois de juin 1916 le bel hôpital des Sourds-Muets, pourvu
à souhait de tous les organes hospitaliers, obtint son autonomie,
et put remplacer au-dessus de sa porte son ancienne bande-
rolle : « Hôpital annexe du n° 4 » par une nouvelle qui portait :
« Hôpital des Sourds-Muets. — Hôpital auxiliaire n° 3. » Le
directeur de l'institution était nommé administrateur effectif de
l'Hôpital, avec, pour administrateur adjoint, M. le comte Édouard
Le Camus. C'était avec beaucoup plus de travail la pleine et
entière responsabilité. Mais plus de courses incessantes ou
d'appels téléphoniques à l'Hôpital n° 4 pour les moindres déci-
sions à prendre : l'œuvre devenue forte et adulte relevait directement du Service de Santé et de la Société de Secours aux
Blessés militaires. Du reste aucun changement dans les services
intérieurs, qui continuaient leur concours comme par le passé,
avec plus de zèle que jamais.

Mais peu à peu les infirmiers partent les uns après les autres,
appelés au front : à la mi-janvier 1917 ils sont remplacés par
une douzaine d'Annamites et Tonkinois. Ces petits hommes
imberbes, au teint bronzé, aux dents noires de jais, paraissent
âgés de 18 à 20 ans quand ils en ont en réalité 25 ou 30 ; ce
sont des engagés volontaires pour la durée de la guerre, qu'ils
trouvent terriblement longue : ils demandent journellement
quand elle finira : « Guerre finie, partir Namite. 3 mois ? 6 mois ? »
En attendant ce ne sont pas des foudres de travail, et après la
longue récréation qui suit leur déjeuner, il faut aux Sœurs
les rappeler à plusieurs reprises dans les salles.

Ils sont illettrés comme le portent leurs livrets militaires, mais ne manquent point d'intelligence, ils sont même éveillés, saisissent vite ce qui leur est commandé et ils se montrent de plus désireux de s'instruire : aussi organise-t on pour eux des leçons quotidiennes de français, dont M. Vandenbussche ajoute la charge à ses autres occupations : la tâche est dure, mais il arrive à quelques résultats avec du temps et beaucoup de patience.

Cependant le 16 avril 1917, le général Nivelle déclanche la grande offensive française sur le Chemin des Dames, et les blessés affluent à Poitiers : pour la première fois depuis le début de la guerre « l'Hôpital des Sourds-Muets » se trouve au complet avec ses 152 lits occupés. C'est dire que pour tous, administrateurs, médecins, infirmières, secrétaires, la besogne ne manque pas.

Parmi tant de blessés nous nous contenterons d'en signaler deux : M. Alphonse Laurent, beau-frère de M. Simon, président de l'Union française des Sourds-Muets de Paris, et M. l'abbé Sembel, secrétaire de l'évêché de Clermont-Ferrand, que les élèves furent bien surpris la première fois qu'ils le virent monter à l'autel avec des béquilles pour célébrer sa messe.

III

L'année 1918 vit se produire aux Sourds-Muets de Poitiers l'événement qui paraissait le plus invraisemblable à la ville comme à l'établissement, et qui produisit là comme ici la plus douloureuse émotion.

M. Lemesle était depuis 33 ans directeur, depuis 45 ans dans l'établissement, qui semblait à ses élèves, à ses anciens élèves, à la ville de Poitiers, aux lecteurs de l'*Echo de Famille* qu'il avait fondé, au monde silencieux tout entier, — incarné en lui. Il était partout « le directeur de Poitiers » et l'idée ne pouvait venir à personne qu'il quitterait jamais la maison pour un nouveau poste même plus important. L'on est très sûr, quand on connaît son caractère, qu'il n'en accepta l'idée que pour des raisons impérieuses de bien plus grand encore à faire, et même après beaucoup d'hésitations.

Ce qui est certain, c'est qu'une amitié que nous pouvons trouver indiscrète, le dénonça à l'attention des autorités administratives de la ville de Nantes pour rouvrir et relever la puissante École départementale de Sourds-Muets et d'Aveugles de la

Persagotière, fermée depuis le début des hostilités. De ce jour la nomination du nouveau directeur de Nantes fut arrêtée. La préfecture de la Loire-Inférieure multipliait les démarches pour ravir à Poitiers son cher directeur. Mais les négociations duraient : M. Lemesle ne croyait pas à leur succès, et peut-être, au fond du cœur, se rattachait-il, malgré tout, à Poitiers, où il

M. A. LEMESLE
Directeur-Administrateur

avait toujours compté poursuivre sa carrière déjà longue, et la finir.

La nomination officielle éclata à la mi-avril. Pour les professeurs et les élèves cette nouvelle incroyable fut un coup de foudre, et ceux qui connaissent les liens qui unissaient le corps professoral à son chef aimé et respecté, et les rapports paternels de M. Lemesle avec ses élèves et anciens élèves, devineront le chagrin profond causé par son départ.

Ce départ, il le voulut brusque, autant sans doute pour réduire les attendrissements que pour rejoindre sans délai son nouveau poste. La matinée du 30 avril, eut lieu la cérémonie émouvante des adieux : d'abord entre le directeur et les professeurs dont certains avaient passé 25 années et plus sous son

AU FRONT, M. DOUILLARD DÉMUTISE DE JEUNES SOURDS-MUETS

habile et sage direction ; puis ce fut le tour des enfants, qui étaient toujours si joyeux auparavant de venir présenter leurs vœux à leur cher directeur : aujourd'hui les larmes perlent à tous les yeux. Les sourds-muets commencent et lui disent entre autres choses :

« Monsieur le Directeur... vous avez bien travaillé pour les
« Sourds-Muets en général, et, notre Institution de Poitiers,
« surtout, vous doit d'être aujourd'hui une des plus belles de
« France. Ici tout publie votre activité et votre dévouement. —
« La maison neuve, notre belle chapelle, nos modestes ateliers,
« notre magnifique maison de campagne, n'est-ce pas plus
« qu'il n'en faut pour rappeler votre souvenir à ceux, qui, à la
« longue, seraient tentés de vous oublier ? — Mais vous attendez,
« nous le savons, une récompense meilleure que la reconnais-
« sance des hommes. Cette récompense sera bien belle, car
« Dieu a compté vos pas et vos démarches, et vos nuits sans
« sommeil. »

Les aveugles suivent :

« ... Plus de quarante années dans cette maison ! Que de
« mérites devant Dieu ! Vous vous êtes dépensé sans relâche
« près de nos camarades les sourds-muets. Vous avez fait cons-
« truire la magnifique chapelle où nous nous réunissons chaque
« matin au pied de l'autel. Ne pas vous dire merci pour l'orgue
« magnifique dont vous l'avez enrichie peu de temps avant la
« guerre serait pour nous, les aveugles, une profonde ingratitude.
« Votre cœur d'apôtre ne trouvait pas un champ assez vaste
« pour le zèle qui le consumait.
« Il y a quelque vingt ans, vous avez ouvert les portes de
« cette institution aux déshérités de la vue, et, depuis, les deux
« œuvres solidement conduites par votre main bienfaisante, ont
« marché côte à côte dans la joie comme dans la tristesse... »

Dominant difficilement son émotion, M. le Directeur ne peut
que répondre quelques mots à ses chers enfants. Son dernier
conseil fut que chacun reste fidèle à l'éducation reçue à l'école ;
sa dernière prière, que tous veuillent bien se souvenir chaque
jour de lui, pour demander à Dieu qu'à Nantes il puisse faire
aux sourds-muets le bien qu'il a essayé de faire à Poitiers. Très
ému, M. le Directeur serra affectueusent dans ses bras chacun
de ses enfants.

Le soir même, accompagné à la gare par quelques maîtres et
quelques amis de l'Institution, ceux seulement qui ont pu
accourir, il prenait le train qui devait l'emporter à Nantes.

Son départ avait été tenu si secret jusqu'à la dernière heure
que les membres du Cercle de l'Abbé de l'Epée ne purent lui

présenter en corps leurs adieux. Du moins les 29 et 30 avril, les uns et les autres accoururent individuellement à l'école pour embrasser leur ancien maître et directeur, et lui témoigner leur regrets de le voir s'en aller, leur gratitude pour tout ce qu'il avait fait en faveur des sourds-muets en général et ceux de la ville de Poitiers en particulier.

Nombreuses aussi furent les visites de sympathie des amis de l'œuvre, arrivés malheureusement trop tard pour donner à M. Lemesle l'accolade des adieux.

La presse locale fut unanime à louer celui qui, pendant tant d'années, s'est dépensé à la prospérité d'une des plus belles œuvres de notre ville. Nous détachons quelques lignes de l'article si juste du *Journal de l'Ouest* :

... « Homme de foi et de dévouement, d'une valeur adminis-
« trative doublée par les plus aimables qualités de caractère,
« M. Lemesle donna à l'Institution de la route de Bordeaux
« l'impulsion la plus remarquable, et elle prospéra chaque année
« davantage, à tel point que, pour répondre aux exigences du
« nombre des élèves, il fallut élever une construction double de
« celle du bâtiment, déjà vaste, abritant jadis les jeunes sourds-
« muets et aveugles. Attirés, en effet, par la réputation justifiée
« de l'éducation et de l'instruction spéciale que les malheureux
« déshérités de la vie y recevaient, les familles et les dépar-
« tements voisins constituaient à l'œuvre poitevine une clientèle
« toujours accrue. Combien nombreux sont les malheureux
« infirmes qui, dans cette maison modèle, trouvèrent les plus
« douces consolations et apprirent un métier répondant aux
« exigences de la vie!

... « En rappelant sa haute valeur morale, la délicatesse de
« ses sentiments et les services rendus par lui à l'humanité
« souffrante, nous avons la conscience très nette que nous
« froisserons la modestie de cet homme de bien. Mais M. Lemesle
« nous excusera, peut-être, quand il saura que, dans cette
« pensée, nous cherchons un adoucissement aux regrets que
« nous cause son départ, ainsi qu'à ceux dont il s'était concilié
« la respectueuse sympathie et surtout aux sourds-muets et
« aveugles qui conserveront de lui un souvenir d'une touchante
« reconnaissance. »

L. PHILOUZE.

Après avoir reproduit cet article, l'*Echo de Famille* ajoutait un vœu ardent que nous ne pouvons que faire nôtre :

« A ces lignes qui résument si bien les témoignages d'estime,
« de respect et de sympathie à l'adresse de notre cher directeur,
« nous n'ajoutons qu'un mot : souhaitons que M. Lemesle vive,
« à Nantes, de longs et heureux jours qui lui permettent de
« faire bénéficier les sourds muets et les aveugles de la
« Bretagne des grandes richesses de son intelligence et de
« son cœur. »

Ad multos annos ! ! !

« LES POITEVINS. »

Grâce à Dieu, les hommes ne manquent pas à l'Institution de Poitiers, et M. Lemesle a trouvé un successeur digne de lui et de l'Institution en M. S. Vandenbussche, son collaborateur de 25 années comme professeur et comme sous directeur, qui a eu dès l'enfance la vocation de se consacrer aux sourds-muets, et qui a montré, ainsi que la presse poitevine l'a reconnu publiquement, « des qualités d'administrateur zélé, de dévouement et d'affabilité qui le désignaient pour cette nomination. »

En même temps, M. Vandenbussche était nommé administrateur de l'hôpital, qui ne désemplissait pas avec la grande percée allemande du 27 mai et surtout avec notre régulière poussée victorieuse des quatre derniers mois de la guerre. Les soins étaient accordés également aux corps et aux âmes, les plaies se cicatrisaient en même temps que des confirmations, des premières communions et même des baptêmes étaient donnés dans la chapelle. Durant cette période d'avril à décembre 1918, plus de 1.000 blessés passèrent aux Sourds-Muets, c'est-à-dire près de la moitié de l'effectif de toute la guerre : c'est laisser deviner le mouvement et le travail des mois qui précédèrent la Victoire.

Le 11 novembre, à 11 heures du matin, à la dépêche de la signature de l'armistice, quand l'administrateur parcourut les salles en y lançant le mot « Ça y est ! », manchots, béquillards sautent de joie, et tous les valides obtiennent quartier libre. Les drapeaux volent aux fenêtres à toutes les façades ; aux pieds de la Vierge qui domine le grand bâtiment, un immense drapeau tricolore flotte au vent. Le soir, au salut, est entonné le *Te Deum* de la Victoire : l'hymne de reconnaissance au Dieu des armées.

L'Hôpital n° 3 fut fermé le 1er janvier 1919 après un fonctionnement de quatre années et trois mois, après avoir fourni 96.431 journées de blessés.

Des remerciments ont été adressés à tout le personnel par M. le Sous-secrétaire d'Etat au Ministère de la guerre, par M. le Directeur Inspecteur du Service de Santé de la IXe région.

M. S. VANDENBUSSCHE
Deuxième Administrateur de l'Hôpital

par M. le Délégué régional de la Société de secours aux Blessés militaires. L'Administration centrale de la Croix-Rouge a décerné à un certain nombre de membres du personnel, des palmes de bronze, d'argent et de vermeil ; M. Lemesle a reçu les palmes de vermeil pour l'excellente direction qu'il a donnée à l'hôpital, d'octobre 1914 à mai 1918, et la même distinction fut accordée à M. Vandenbussche, son successeur comme administrateur de l'hôpital où il avait d'ailleurs longtemps dirigé le Bureau des Entrées. Mme Ginot reçut les palmes de vermeil, ainsi que M. Gilbert, qui s'était véritablement

« mobilisé » à l'Hôpital des Sourds-Muets, tour à tour concierge,
surveillant des infirmiers, et surtout courrier émérite, dont on
ne parviendrait pas à compter les démarches, faites dans tous

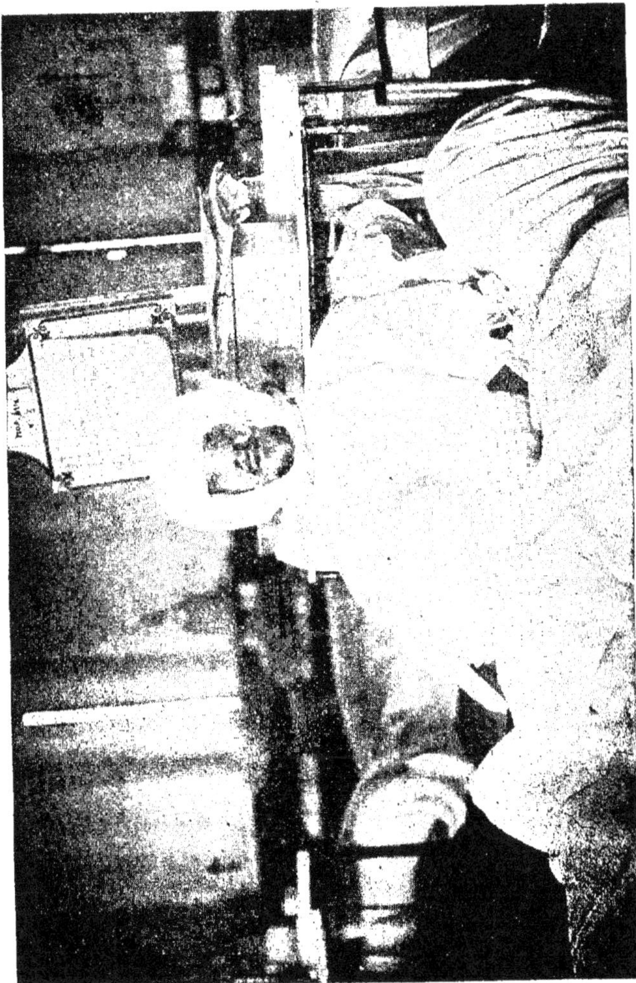

les quartiers de la ville et continuées encore par lui, au grand
bénéfice de la Direction en vertu de la vitesse acquise et surtout
de son amour raisonné de l'Institution. Le père Viollet reçut
les palmes d'argent, et différentes distinctions furent accordées
à un grand nombre des infirmières et des membres du Bureau
des Entrées.

Et maintenant, dans les beaux bâtiments, vides de tout uniforme bleu horizon, l'Institution régionale des sourds-muets et jeunes aveugles a repris, encouragée par une visite du nouvel évêque de Poitiers, Mgr de Durfort, — tout son nombre, toute son ampleur, toute sa féconde activité : elle fut, à n'en pas douter, immensémeut entravée par les quatre ans de guerre, mais elle a vécu là les heures les plus belles de sa longue histoire, elle peut lever fièrement la tête, avec la conscience d'avoir abrité dans ses murs, pansé et consolé, grâce à une portion de son personnel trop âgé pour partir ou retour du front, près de 3,000 de nos chers blessés. En s'adaptant merveilleusement à cette tâche entièrement nouvelle, elle a fait une démonstration éclatante de tout ce que peut la religion aidée des ressources variées de l'intelligence et du cœur, lorsqu'elle se penche sur l'humanité en souffrance, quelque forme que celle-ci puisse prendre : il lui arrive alors de réaliser la cime et le couronnemeut de la civilisation vraie.

Tous ceux qui furent les témoins d'un pareil spectacle ne peuvent arrêter cette prière qui leur monte fréquemment aux lèvres : « Que Dieu protège la France, et qu'Il bénisse abondamment l'Ecole des sourds-muets et des jeunes aveugles de Poitiers, qui a si bien aimé la France ! »

Louis ARNOULD,
Correspondant de l'Institut.

P. S. — Le Comité de l'Institution des Sourds-Muets de Poitiers a pris sa part du service de l'Hôpital : M. Bellenger à la conciergerie et à la comptabilité, M. le lieutenant Leps à la visite de l'établissement, M. Louis Ginot dans ses multiples inspections comme président de la Croix Rouge, MM. Hilaire de Curzon et Louis Arnould comme veilleurs de nuit, M. du Fontenioux en qualité du trésorier de la Croix-Rouge.

Le Comité a eu ses gloires et ses deuils, et les uns très souvent mêlés aux autres : M. Joseph Giraud, membre du Comité, lieutenant de chasseurs à pied, a été cité 4 fois et nommé chevalier de la légion d'honneur.

Le Comité a perdu M. le commandant Bruneau, mort d'une maladie contractée au service, et il a pris sa profonde part d'affliction à la mort de Mme du Fontenioux, à celles de M. le comte Arsène Lecointre, de Mme Bodin, mère du président de notre Comité, des deux frères de M. Edmond Bellenger, d'André Arnould, soldat au 107e régiment d'infanterie, croix de guerre et médaille militaire, qui avait été si affectueusement soigné à l'hôpital des sourds-muets en février et mars 1917, des deux fils de M. Hilaire de Curzon, le capitaine de Curzon et le sergent Henri de Curzon, de M. le capitaine Hériard, gendre de M. Louis Ginot, et combien d'autres membres du Comité ont souffert de deuils survenus durant cette cruelle, interminable et glorieuse Guerre !

L. A.

HOPITAL AUXILIAIRE N° 3

Président du Comité de la Croix-Rouge (S. S. B. M.) de Poitiers : M. Louis GINOT. — *Présidente :* Mme de la MÉNARDIÈRE.

Administrateurs de l'Hôpital : M. A. LEMESLE et M. S. VANDENBUSSCHE. — *Administrateur-adjoint :* M. le Comte E. LE CAMUS.

Surveillante générale : Mme L. GINOT.

Médecin-chef : Dr J. PERDOUX, *chirurgien.* — *Médecins traitants :* Dr L. GALLET et Dr COMTE.

Aumôniers : M. l'abbé BLAIN, M. l'abbé de la GUÉRONNIÈRE.

BUREAU DES ENTRÉES

MM. VANDENBUSSCHE, P. de MOISSAC, H. de COURSEULLES, G. DOUIN, A. DOUILLARD, R. MARIE, R. de VALOIS, P. de BORD, J. de BONNIÈRES, L. TOUGERON, de VAUX, J. BUSSEROLLES.

PHARMACIENS

MM. GIRARD, VIGNES, JOULIA.

VEILLEURS DE NUIT ET SERVICE DE LA CONCIERGERIE

MM. L. ARNOULD, E. BELLENGER, BOHY, de BORD, de BRETTES, CARTIER, CAILLAUD, J. du CHALARD, H. de COURSEULLES, H. de CURZON, R. de CURZON, F. DAVID, E. DELHUMEAU, DORIAT, G. DOUIN, FAVRE, A. FOUQUET, P. GILBERT, GODEAU, JOIN, A. MARCHAND, M. MARCHAND, J. MARQUE, P. MÉRINE, P. de MOISSAC, MORCHER, P. PARNAUDEAU, PORTEJOIE, PRIEUR, RESSEYRE, ROCHON, E. SAILLIARD, R. de SAINT-PAUL, SUIRE, E. VERGNAUD, le Père VIOLLET, J. URVOY.

DAMES INFIRMIÈRES

Sœurs de la Miséricorde : Sœur DANIEL, Sœur EUROSIE, Sœur FULBERT, Sœur SYMPHOROSE, Sœur THÉODORET.

MMmes ARNAUD, BERTRAND, BOUCHARDEAU, BOYÉ, de CHAUNAC, CHÉDEVERGNE, de CHÉZELLES, DEVEAUD, FÉROT, HÉRIARD, LEGRAIN, de Lestang, Montagut, Paingenest, de Villeneuve, MM^lles Bédu, de Bournat, le Camus, de Chézelles, Dambier, Desbordes, Desmoulins, C. d'Elloy, E. d'Elloy, M. Fouquet, Jozeau, Laborde, de Saint-Laon, C. de Maret, M. Marchand, F. de Moissac, Petit, Pin, Y. Richard, de la Roulière, de Sorbier. Mme Morichaud, masseuse.

SERVICE DE LA LINGERIE

Mlle Viollet, MM^mes Aimé, Bellenger, Berthon, Cabanne, Castelnau, de Conegliano, Dupuis, Gérard, de Goer, de Saint-Laon, Loubaud, Morlocq, Suire, MM^lles Baranger, Barbarin, Berthon, Borie, Bonal, Brossard, Cabanne, Drouet, Morlocq, Marchand, de Rivaud.

SERVICE DE L'ALIMENTATION

MM^mes Baron, Bouchon, Bruneteau, Buchwalter, Cheval, Delage, Desvaux, Férot, Ferrand, Guay, Joutteau, Labreuille, Legendre, Marchadier, Orliange, Pelletier, Préclin, de Romanet, MM^lles de Saint-Amand, Baranger, Berthon, Bonal, Buchwalter, Dègle, J. Fouquet, Gué, Guilbert, Jozeau, Lascol, Laurenceau, Marchand, Poirel, Tranchant.

BIENFAITEURS DE L'HOPITAL

M. Léon Bodin. — M. le Comte Arsène Lecointre. — M. le Comte Louis Lecointre. — M. Auguste Fouquet. — Mlle Laure Lecointre. — Mme la Vicomtesse de la Panouse. — Mme de Saint-Senne.

Le Comité Britannique de la Croix-Rouge Française (*9, Knightsbridge, Hyde Parc Corner, Londres, S. W.*). — La Croix-Rouge Canadienne (*Bastion 55, Porte-Dauphine, Paris*). — La Croix-Rouge Américaine (*20, rue de Troyon, Paris*). — Les Amis de la France (*216, Poplar Plains Road, Toronto, Canada*). — Le Comité Américain pour les Blessés Français (*Champs-Elysées, Paris*). — Le Comité International de Pansements Chirurgicaux des États-Unis (*118, Rue de la Faisanderie, Paris*). — L'Association d'Ambulance et d'Assistance Coloniale (*7, rue des Italiens, Paris.*) — La Croix-Rouge Britannique, (*Section d'Écosse à Glascow*).

MILITAIRES DÉCÉDÉS A L'HOPITAL

Péchon Henri, caporal, 46e infanterie ; Roussard Charles, canonnier, 1er d'artillerie coloniale ; Alix Victor, soldat, 95e infanterie ; Devulder Georges, soldat, 201e infanterie ; Mahé Pierre, caporal, 249e infanterie ; Bossard Joseph, soldat, 135e infanterie.

Angers, imp. J. Siraudeau. — 20-2064